BEI GRIN MACHT SICH IHR WISSEN BEZAHLT

- Wir veröffentlichen Ihre Hausarbeit,
  Bachelor- und Masterarbeit

- Ihr eigenes eBook und Buch -
  weltweit in allen wichtigen Shops

- Verdienen Sie an jedem Verkauf

Jetzt bei www.GRIN.com hochladen und kostenlos publizieren

Bibliografische Information der Deutschen Nationalbibliothek:

Die Deutsche Bibliothek verzeichnet diese Publikation in der Deutschen National-
bibliografie; detaillierte bibliografische Daten sind im Internet über http://dnb.d-
nb.de/ abrufbar.

Impressum:

Copyright © 2012 GRIN Verlag, Open Publishing GmbH
Druck und Bindung: Books on Demand GmbH, Norderstedt Germany
ISBN: 978-3-656-24851-4

Dieses Buch bei GRIN:

http://www.grin.com/de/e-book/198475/erziehungsbeduerftigkeit-des-menschen

Heiner Eims

Erziehungsbedürftigkeit des Menschen

Erziehung, Bildung, Sozialisation

GRIN Verlag

GRIN - Your knowledge has value

Der GRIN Verlag publiziert seit 1998 wissenschaftliche Arbeiten von Studenten, Hochschullehrern und anderen Akademikern als eBook und gedrucktes Buch. Die Verlagswebsite www.grin.com ist die ideale Plattform zur Veröffentlichung von Hausarbeiten, Abschlussarbeiten, wissenschaftlichen Aufsätzen, Dissertationen und Fachbüchern.

Besuchen Sie uns im Internet:

http://www.grin.com/

http://www.facebook.com/grincom

http://www.twitter.com/grin_com

Berufsakademie Sachsen

Staatliche Studienakademie Breitenbrunn

Titel der Arbeit

Die Erziehungsbedürftigkeit des Menschen

Seminararbeit

Erziehung/ Bildung/ Sozialisation

Inhaltsverzeichnis

1   Einführung...3

2   Was ist Erziehung..3

3   Anthropologische Voraussetzungen der Erziehung.................................5

4   Erziehungsbedürftigkeit und Sozialisation..6

5   Erziehbarkeit im Spannungsfeld von Anlage Umwelt und Selbstbestimmung..8

6   Ausblick/ Fazit...12

7   Literaturverzeichnis...14

1 Einführung

Diese Seminararbeit soll einen Einblick in den Entwicklungs- und Erziehungsprozess und dessen Bedürftigkeit des Menschen geben. Ich habe mich diesem Thema gewidmet, weil ich bei einem freien Bildungsträger angestellt tätig bin. Dort treffe ich auf Jugendliche, junge Erwachsene und ältere Teilnehmer, bei denen die Entwicklung und Förderung von Schlüsselkompetenzen und lebenspraktischen Fertigkeiten einer großen Bedeutung zukommt. Auch habe ich festgestellt, dass die bis dahin entwickelten Fähig- und Fertigkeiten der Teilnehmer nicht ausreichend sind, um sich selbstständig wieder in das Arbeitsleben zu integrieren. Vielmehr erweist es sich als sehr schwer, den Menschen Dinge zu vermitteln, vom Rechnen und Schreiben angefangen bis zu Kommunikationstraining oder Verständnis- und Toleranzentwicklung hin, um ihr eigenes Leben wieder leichter meistern zu können. Deshalb finde ich es wichtig, schon frühzeitig auf die Erziehung Einfluss zu nehmen, besonders in Hinsicht auf die Ausprägung kognitiver, sozialer und psychomotorischer Merkmale.

In diesem Zusammenhang wird in einem ersten Schritt die Frage nach der Erziehungsbedürftigkeit oder sogar Erziehungsnotwendigkeit des Menschen im Vordergrund stehen. Eng daran anschließend und aus der Konsequenz resultierend, dass der Mensch zumindest erziehungsbedürftig ist, rückt dann die Erziehbarkeit in Hinsicht auf seine Sozialisation in den Blickpunkt.

Wenn eine Erziehungsbedürftigkeit vorhanden ist, so stellt sich die Frage, ob die Menschen durch Erziehung zu retten sind.

Aber benötigt er dazu erzieherische Unterstützung von außen?

2 Was ist Erziehung

Mit der Erziehung wird das bewusste soziale Handeln eines Initiators (Lehrer, Erzieher, Eltern) gegenüber einem zu Erziehenden bezeichnet. Dieses absichtsvolle Handeln soll Lernprozesse auslösen und dauerhafte Verhaltensänderungen in Bezug auf Normen, Werte, Sitten und Gesetze bewirken. Diese wiederum leiten sich aus der Tradition des vorherrschenden Kulturkreises her. Sie korrelieren (sie haben eine Beziehung) entweder mit den aktuellen Lebensbedingungen der Menschen oder stehen zu diesen in Widerspruch. So können sich durch einen Werte- und Normenwandel auch Erziehungsziele ändern. „Unter Erziehung werden soziale Handlungen verstanden, durch die Menschen versuchen, das Gefüge der psychischen Dispositionen anderer Menschen mit psychischen und (oder) sozial-kulturellen Mitteln in irgendeiner Hinsicht dauerhaft zu verbessern oder seine als wertvoll beurteilten Komponenten zu erhalten." (Brezinka 1971, S.613) Das heißt dass sich Erziehung auf die Persönlichkeit richtet, also positive Charaktereigenschaften stärken bzw. negative dementsprechend schwächen soll.

Solche Ziele werden nur durch entsprechende Erziehungsmittel (z.B. Lob, Tadel, Übung, Verbote, Appelle und auch Strafe) erreicht – auch sogenanntes Zweck – Mittel – Schema genannt. Von besonderer Bedeutung ist das erzieherische Verhältnis. Herman Nohl (1970, o. S.) sprach hier vom „pädagogischen Bezug" und bezeichnete damit eine Lebensgemeinschaft. Diese ist gekennzeichnet durch starke Emotionen wie Liebe, Zuneigung, Autorität, Gehorsam und Vertrauen.

Aber dennoch wird Erziehung immer wieder in Frage gestellt und diskutiert – bis hin zur totalen Nicht-Erziehung. In der Auseinandersetzung mit den Grundpositionen der sogenannten Antipädagogik, das heißt Erziehung und Pädagogik sind aus Sicht der Antipädagogen zum einen nicht mit der Menschenwürde vereinbar und zum anderen nach ihrer Erfahrung auch unnötig. Aber auch im Zusammenhang mit den Forderungen nach mehr „Mut zur Erziehung" ‚das heißt Orientierungssysteme wie Normen und Werte anbieten, damit der Mensch sie verarbeiten und ändern kann, erhält die Frage nach der Erziehungsbedürftigkeit und der Erziehbarkeit des Menschen zentrale Bedeutung. (Nohl 1970, o. S.) Erziehung ist so gesehen eine Funktion der Gesellschaft und faktisch wie prinzipiell von dieser abhängig. Ihre Aufgabe ist es, gesellschaftliche loyale und nützliche Menschen zu formen, die den Weiterbestand der gesellschaftlichen Ordnung in ihrer vorgegebenen Form zu ihrem eigenen Anliegen machen. Die Erziehung wird zur Geburtshilfe für die Person.

3 Anthropologische Voraussetzungen der Erziehung

Die Anthropologie kann zur Frage der Erziehungsbedürftigkeit des Menschen wichtige Hinweise geben. Sie definiert die Wissenschaft vom Menschen sowie das Wissen des Menschen um sich selbst. Laut Weber (1981, S. 54) geht es dabei um den Lernenden, sowie um den zu Erziehenden und den erziehenden Menschen. Demnach erstellt die Anthropologie Befunde, die der Pädagogik zur Lösung von Problemen und Aufgaben helfen. Im Gegensatz dazu gewinnt die Pädagogik Einsichten über den Menschen und hilft damit der Anthropologie, Theorien zu formulieren. Beide Wissenschaften stehen demnach in einem kausalen Verhältnis zueinander. Um mit einer Definition von M.J. Langeveld (1967, o. S.) zu beginnen, ist der Mensch ein erziehungsbedürftiges Wesen. Diese Feststellung wiederum beruht auf anderen Charakteristika, die den Menschen wesentlich umschreiben: Als physiologische Frühgeburt und biologisches Mängelwesen hat der Mensch laut Alfred Portmann (1984, o. S.) bei seiner Geburt im Vergleich zu den Tieren einen wesentlich geringeren Entwicklungsstand erreicht. Das heißt, er ist im Gegensatz zum Tier unspezifiziert, unangepasst, seine Sinne sind unscharf und er ist lange schutzbedürftig. Niklaas Tinberg behauptet der Mensch sei ein instinktreduziertes Wesen. Barbara Drink (2010, S. 86) geht mit ihrer Aussage noch weiter, dass die vorhandenen Anreizsysteme (also Instinkte) nicht ausreichen, um ein menschliches Leben ohne Erziehung und Bildung zu führen. Um die Mängel zu überwinden, muss der Mensch seine intellektuellen Fähigkeiten und Fertigkeiten entwickeln. Und da die Entwicklung der Naturanlagen bei Menschen nicht von selbst geschieht, muss ein erzieherischer Einfluss von außen erfolgen. Konrad Lorenz (Flitner; Hurrelmann; Sacher 1996, o. S.) dagegen behauptet, dass die Spezialisierung des Menschen in seiner Unspezialisiertheit liegt. Er oder auch „homo discens (sprich der lernende Mensch) besitzt eine Werkzeugintelligenz und Entscheidungsfähigkeit. Das Ziel ist die Personalisation und die Ausbildung seines Ichs. Laut Jean Piaget (Flitner; Hurrelmann; Sacher 1996, o. S.) bilden die geistigen Vorstellungen, welche man erst ab dem elften Lebensjahr erlangt, die Grundlage für gedankliche Antizipation (sprich Vorausschau). Somit ist es dem Menschen möglich, ohne äußere Anlässe allein auf der kognitiven Ebene zu planen, konzipieren und prognostische Urteile über Erfolgswahrscheinlichkeiten von Handlungen zu formulieren. Die Erziehungsbedürftigkeit resultiert anthropologisch aus der funktionellen Unspezialisiertheit und der physiologisch zu frühen Geburt, die besonders im ersten Lebensjahr soziale Hilfestellung und Förderung notwendig macht. Ebenso bedürfen die artspezifischen Merkmale des Menschen wie Sprache, Denken, Emotionalität und Soziabilität einer intensiven Ausbildung durch soziokulturelle Institutionen. Dies wird durch die Offenheit seiner Verhaltensweisen, seinen höheren Hirnfunktionen und seinen großen Lern- und Gedächtniskapazitäten unterstrichen.

4 Erziehungsbedürftigkeit und Sozialisation

In der Konsequenz ist der Mensch auf die Hilfe primärer Bezugspersonen und auf sein intellektuelles Leistungsvermögen angewiesen, um seine Lebensweise zu erlernen und seine biologischen Mängel auszugleichen. Der Mensch würde alleine nicht überleben. Wesentlich schärfer ist das Verständnis des Menschen von J.C. Comenius. Als „animal disziplinabile" sei der Mensch ein der Zucht zugängliches Wesen, welches ohne Zucht nicht zum Menschen werden kann. (Hörner, Drink, Solvejg 2010, o. S.) Folgerichtig wird dem Menschen erst durch Erziehung eine eigene Dignität, sprich Würdigkeit, zugesprochen.

Immanuel Kant (2000, S. 699) wählte eine noch striktere Richtung, aus der sich weitere Konsequenzen für die Erziehungsbedürftigkeit ableiten lassen: „Der Mensch kann nur Mensch werden durch Erziehung. Er ist nichts als was die Erziehung aus ihm macht."

Nach Kant (2000, S. 698 ff.) gliedert sich die Menschwerdung in vier Bereiche: Disziplinierung, Kultivierung, Zivilisierung und Moralisierung. Als oberstes Ziel wird von ihm die Autonomie des Heranwachsenden geführt. Ebenso kann man unter diesen Gesichtspunkten auch von einer individuellen Emanzipation sprechen. „Der Mensch wird nur unter Menschen zum Mensch." (Kant 2000, S. 519) Friedrich Kümmel (Flitner 1963, S. 162 ff.)beschreibt dies als „Erziehung zur Wirklichkeit". Darin erfolgt die Darstellung des Kindes als unbefangenes Wesen, bevor es lernt etwas aus sich zu machen- bevor es gezwungen ist eine soziale Person zu werden und eine Maske zu tragen. Aber keinem Kind kann erspart werden, seinen Ort in der Gesellschaft zu finden und eine soziale Person zu werden. Die notwendige Zuweisung eines sozialen Ortes erfüllt zunächst vor allem die Funktion der Sicherung. (Kümmel o.J., o. S.)

Goffmann betonte: „Sozialisation heißt, zu werden wie jeder andere, und zugleich, zu werden wie kein anderer". (Hörner, Drink, Solvejg. 2010, o. S.)

Das geht nur in einer Gemeinschaft, das heißt das Lernen durch Andere und mit Anderen.

Aber die Menschen sind nicht Opfer ihrer Sozialisation, sondern sie wirken auf sich und ihre Umwelt immer selber ein und entwickeln sich auf diese Weise zum handlungsfähigen Wesen – zu einem Subjekt.

Um das Überleben zu sichern soll man sich in der Gemeinschaft und in der Kulturwelt anpassen.

Eine Ausnahme bilden die Wolfskinder – oder auch verwilderte Kinder, welche in jungen Jahren isoliert vom Menschen aufwuchsen (Portmann 1984, o. S). Sie unterschieden sich in ihren erlernten Verhalten auffällig von normal aufgewachsenen Kindern. Ihre Merkmale zeigten sich unter anderem in ihrer zurückgebliebenen Entwicklung, das heißt, sie konnten kaum Gefühle zeigen, keine Sprache sprechen, ihre Sinne waren verändert und sie waren menschenscheu – um nur einige Beispiele zu nennen. Integrationsversuche in die Gesellschaft schlugen meist fehl bzw. waren schwer. Oft waren nur wenige Fortschritte zu sehen, oder die Kinder starben zeitig. Es wird ersichtlich, wie groß die Wirkung der Umgebung auf die Entwicklung, das Verhalten und die Ausbildung der Fertigkeiten und der sozialen Empathie eines Menschen ist. Darin zeigt sich, wenn Erziehung und menschliche Gesellschaft nicht vorhanden sind, entsteht kein natürlicher Mensch. Ohne Sozialisation kann kein Kind zu einem richtigen Menschen werden.

„Das Unfertigsein des neugeborenen Menschenkindes macht seine fürsorgliche Betreuung und Pflege erforderlich. Die ungeheure Lernfähigkeit und Lernbereitschaft muss durch Erziehung unterstützt werden (in ihrer verlängerten Kindheits- und Jugendphase im Gegensatz zu Tieren)." (Weber 2003, S. 54)

Mangelnde Sorge und Erziehung führen zu Entwicklungsrückständen, die teilweise nicht mehr behoben werden können. Dies äußert sich wie bereits erwähnt zum Beispiel bei den verwilderten Kindern anhand von Wachstumsstillstand und Bildungsdefiziten.

Im Vordergrund steht die Zivilisierung des Menschen als Sozialwerdung und die Moralisierung als Voraussetzung sozialen Zusammenlebens.

Seine Welt ist die Kulturwelt, das heißt die an ihm angepasste Naturwelt – welche wiederum von der Gesellschaft konstruiert wird.

Dass der Mensch aber nicht nur durch Erziehung zu dem wird, was er ist und dass Erziehung nicht in einem input – output Verhältnis dargestellt werden kann, indem man wie im Erziehungsmodell der technischen Arbeit ein Objekt gewaltmäßig den Vorstellungen entsprechend in Form bringt, wird sich im Verlauf dieser Arbeit zeigen.

5 Erziehbarkeit im Spannungsfeld von Anlage Umwelt und Selbstbestimmung

Die Frage nach dem Ausmaß der Erziehbarkeit eines Menschen betrifft das Anlage-Umwelt Problem. Auf der einen Seite gibt es „biologische Vorgegebenheiten, die grundsätzlich nicht veränderbar sind" (Büttner 2010, o. S.). Dieser Bereich wird mit der Anlage umschrieben und bezeichnet die „genetische Ausstattung eines Lebewesens, die bei der Befruchtung festgelegt ist" (Büttner 2010, o. S.). Auf der anderen Seite gibt es die Umwelt. Damit sind „alle direkten und indirekten Einflüsse, denen ein Lebewesen von der Befruchtung der Eizelle [...] bis zu seinem Tode von außen her ausgesetzt ist" (Büttner 2010, o. S.) gemeint.

Aus diesen beiden Eckpunkten, die das Potenzial von Erziehbarkeit im Wesentlichen festlegen, ergeben sich zwei gegensätzliche Auffassungen, die im Folgenden mit den Begriffen des pädagogischen Pessimismus, auch Nativismus genannt, und pädagogischen Optimismus, auch Environmentalismus genannt, erläutert werden sollen. Erstgenannter geht von der „Ohnmacht der Erziehung" (Flitner; Hurrelmann; Sacher 1996, o. S.) aus. Innerhalb dieses Standpunktes lassen sich zwei Auffassungen differenzieren. Zum einen ist dies die indeterministische (sprich unbestimmte) Variante, die das Wesen des Menschen als Produkt seines Selbstentwurfs charakterisiert. Aufgrund seiner absoluten Freiheit und Selbstbestimmung legt das Individuum seinen Werdegang selbst fest, und Erziehung erscheint hier als ein Moment ohne jeglichen Einfluss, weil sie am individuellen Lebensplan des Menschen nichts ändern kann. „Der Mensch ist eben nicht ein beliebig zu formendes Material, sondern entfaltet sich von innen her nach dem ihm eigenen Gesetz und dem ihm selber angelegten Ziel." (Flitner; Hurrelmann; Sacher 1996, o. S.)

Die deterministische Variante des pädagogischen Pessimismus geht davon aus, dass der Mensch von Anfang an durch seine Erbanlagen genetisch festgelegt ist. So vertritt Schopenhauer als Erbtheoretiker folgende Ansicht:

„Der Mensch ändert sich nie. Wie er in einem Falle gehandelt hat, so wird er, unter völlig gleichen Umständen [...] stets wieder handeln. Der individuelle Charakter ist angeboren: er ist kein Werk der Kunst, oder der dem Zufall unterworfenen Umständen, sondern das Werk der Natur selbst. Er offenbart sich schon im Kinde [...]. Daher legen bei der allergleichsten Erziehung und Umgebung, zwei Kinder den grundverschiedensten Charakter aufs deutlichste an den Tag: es ist derselbe, den sie als Greise tragen werden. Er ist sogar, in seinen Grundzügen erblich." (Langeveld, M. J. 1967, o. S.)

Die entgegengesetzte Extremposition des pädagogischen Optimismus geht von der Allmacht der Erziehung aus. Genetische Vorgegebenheiten werden negiert, und der Mensch als „Tabula rasa" also als unbeschriebenes Blatt aufgefasst. Das bedeutet dass das menschliche Verhalten unendlich formbar ist. Auch der amerikanische Psychologe John B. Watson, der als Hauptbegründer des Behaviorismus (der Wissenschaft vom Verhalten) davon ausging, alle Erziehungsziele durch Konditionierung erreichen zu können, verleugnet die endogenen Faktoren:

„Geben sie mir ein Dutzend gesunder Kinder und meine eigene gesunde Welt, in der ich sie erziehe! Ich garantiere Ihnen, dass ich blindlings eines davon auswähle und es zum Vertreter irgendeines Berufes erziehe, sei es zum Arzt, Richter, Künstler, Kaufmann oder Bettler, [...] ohne Rücksicht auf seine Talente, Neigungen, Fähigkeiten, Anlagen, Rasse oder Vorfahren (Watson 1968, o. S.)."

„Sowohl der pädagogische Pessimismus als auch der Optimismus sind in ihren Extremen nicht angemessen und nicht förderlich für die Erziehung. Zum einen besteht die Gefahr der Resignation, wenn endogenen und autogenen Faktoren zu viel Wirksamkeit zugeschrieben wird, den exogenen Faktoren der Umwelt aber die Wirkungskraft vollends abgeschrieben wird. Auf der anderen Seite kann ein Gefühl des Fortschrittoptimismus entstehen, wenn Grenzen von Erziehung missachtet werden, weil die angeborenen Persönlichkeitsmerkmale keine Berücksichtigung finden. In der Praxis würde dies eine Überforderung des Kindes nach sich ziehen, weil die Erwartungshaltung an das Kind unangemessen und unerreichbar sein würde (Unsere Jugend 1999, o. S.)."

Eine zwischen beiden Extremen vermittelnde Position ist die des verantwortlichen, pädagogischen Realismus, die bemüht ist, endogenen, autogenen und exogenen Faktoren zu berücksichtigen und somit Grenzen von Erziehung zu achten, aber auch darum, die Möglichkeiten auszuschöpfen. „Das Vermögen der Erziehung darf nicht für größer, aber auch nicht für kleiner gehalten werden, als es ist. Der Erzieher soll versuchen, wie viel zu erreichen er imstande sei, aber stets darauf sich gefasst halten, durch Beobachtungen des Erfolges auf die Grenzen vernünftiger Versuche zurückgewiesen zu werden."

(Geissler 1970, S.253)

Damit stellt sich die Frage was die kindliche Entwicklung bestimmt. Sind es die Gene oder die Umwelteinflüsse, die dominieren? Geht man davon aus, dass die Gene die entscheidende Rolle bei der Entwicklung spielen, so hat Erziehung hauptsächlich unterstützende Funktion. Aus der Sicht der Anlagentheoretiker (z.B. John Bowlby) passt das Bild des Erziehers als Gärtner – Führen und Wachsen lassen (Büttner 2010, o. S.).

Aus der Perspektive des zu Erziehenden stellen die endogenen Faktoren, also die Erbanlagen, eine Möglichkeit zur Verwirklichung seiner Fähigkeiten dar, die durch Umwelteinflüsse angeregt, aktiviert werden müssen.

Wenn aber nicht die Gene, sondern die Umwelteinflüsse entscheidend für die kindliche Entwicklung sind, stellt sich die Aufgabe von Erziehung anders dar.

Die Umwelt - Theoretiker berufen sich auf verschiedenste Untersuchungen, in welchen deutlich wurde, wie stark Menschen von ihrer Umwelt abhängig sind. Die bekannteste Untersuchung lieferte der Psychiater René Spitz in den 40er Jahren des 20. Jahrhunderts, in der er zwei Gruppen von Kleinkindern beobachtete. Die eine Gruppe der Kinder wuchs in einem Waisenhaus auf, in welchem sie zwar ausreichend ernährt wurden, aber nur eine einzige Pflegerin hatte, die sich um alle Kinder gleichzeitig kümmern musste. Die Babys lagen, außer für die Mahlzeiten, isoliert in ihren Bettchen und bekamen keinerlei emotionale Zuwendung. Die andere Gruppe waren Babys von inhaftierten Frauen und lebten in dem angegliederten Waisenhaus neben dem Gefängnis. Sie wurde von ihren Müttern gepflegt und gefüttert. Auch wenn es sich um eine begrenzte Anzahl von Stunden am Tag handelte, so entwickelten sich diese Kinder normal, im Gegensatz zu der anderen Gruppe von Babys, die völlig reizarm und vor allem ohne emotional-körperliche Zuwendung vor sich hin vegetierten. Manche starben vor ihrem zweiten Lebensjahr, andere waren in ihrer Entwicklung stark zurückgeblieben (Watson 1968, o. S.)

Aufgrund solcher und ähnlichen Untersuchungen und Beobachtungen lässt sich die Bedeutung der Umwelt nicht weg diskutieren, allerdings zeigen sich auch die Grenzen dieser Theorie. Die Schlussfolgerung kann nämlich nicht sein, dass ein Mensch nur einzig und allein durch seine Sozialisation zum Mensch wird. „Die Anlage- Theoretiker gehen dagegen davon aus, dass die Entwicklung eines jeden Menschen durch seine Gene vorprogrammiert ist und der Mensch sich nur innerhalb seiner genetischen Möglichkeiten entwickeln kann. Unsere heutige Zeit setzt auf den perfekten Menschen, den man genetisch planen kann, samt sämtlichen Eigenschaften, wie Aussehen, Intelligenz und natürlich die Garantie: ohne Erbkrankheiten vorbelastet zu sein

(Gopnik, Kuhl, Meltzoff 2003, o. S.)."

Würde man im Zusammenhang der Persönlichkeitsentwicklung nur von den beiden Faktoren Anlage und Umwelt sprechen, wäre jeder Charakter nur ein Produkt dieser Momente. Vielmehr lässt sich aber formulieren, dass die Wechselwirkung endogener und exogener Faktoren die Persönlichkeitsentwicklung in Gang setzt.

Aus der passiven Haltung der Umwelt gegenüber wird eine aktive Selbststeuerung und Auseinandersetzung mit der Welt entwickelt, so dass das Wechselgefüge um die autogenen Faktoren erweitert wird. Das bedeutet, dass die drei Grundmomente der Entwicklung, Anlage, Umwelt und Selbstbestimmung in einem gegenseitigen Abhängigkeitsverhältnis stehen, und jede Komponente von den beiden anderen Faktoren bedingt und beeinflusst ist.

6 Ausblick/ Fazit

„Alle Theorien implizieren ein Angewiesensein auf Erziehung und Lernen. Damit ist der Mensch sowohl das Produkt bzw. Ergebnis von Erziehung und Sozialisation als auch deren Produzent, da er die Normen, Werte und moralischen Vorstellungen seiner Kultur nicht nur internalisiert (sprich verinnerlicht), sondern sich für sie entscheidet und diese Erfahrung weitergibt an die nächste Generation." (Hörner, Drink, Solvejg 2010, S. 86)

Zivilisierung und Moralisierung sind die Voraussetzungen des sozialen Zusammenlebens.

Aus der Erziehungsbedürftigkeit hat sich ergeben, dass Kinder Erwachsene brauchen, die sich um sie kümmern und darüber hinaus sind sie angewiesen auf Anregungen aus der Umwelt. Denn es sind immer die Signale aus der Umwelt, die beeinflussen, wie sich die genetische Information entwickelt. So stellt sich die Frage, wie eine angemessene Förderung aussieht und gleichzeitig ist die Gefahr gegeben, dass Kinder wie Optimierungsmaschinen behandelt werden. „In einer komplizierten Gesellschaft mit riesigen Wissensvorräten und extremer Arbeitsteilung wird bei den Erwachsenen Mitgliedern sehr spezielles Wissen und Können verschiedenster Art gebraucht. Um es zu vermitteln sind vielerlei spezifische Arbeits- und Ausbildungsgänge erforderlich. Vor dieser unumgänglichen Spezialisierung und neben ihr muss dafür gesorgt werden, dass die künftigen Spezialisten ein Minimum an Grundwissen und Grundkönnen erwerben, das allen gemeinsam ist. Das ist nicht nur als Voraussetzung für die Berufswahl notwendig, sondern es soll in erster Linie Verständnis für die gemeinsame Kultur, Interesse an ihren wertvollen Werken und Respekt vor den Leistungen der Vorfahren und Mitmenschen bewirken". (Brezinka 1986, o. S.)

Das gesamte Spektrum menschlichen Verhaltens wird einerseits durch seine biologische Basis (z.B. Triebe) und andererseits durch Kultur und Gesellschaft (z.B. Werte) bedingt. Die Erziehung muss sich an der Tatsache orientieren, dass der Mensch ein soziokulturelles und zugleich ein Triebwesen ist. Ein besonderes Problem stellt der Wandel soziokultureller Normen und Werte dar. Auch in der heutigen Zeit sind die Erziehungsnormen, welche sich eher an den gesellschaftlichen Erwartungen und Zwängen und nicht am Kind selbst und seinen existentiellen Bedürfnissen orientieren, sehr kritisch zu betrachten.

Soziale, wissenschaftliche und technische Systeme in ihrer heutigen Gestalt lassen vielmehr die tieferen Kräfte und Organe des Menschen verkümmern, und dienen nicht seiner ganzheitlichen Entwicklung.

Erzieher müssen auch berücksichtigen, dass der Mensch als denkendes Wesen in die jeweilige Kultur eingeführt werden muss.

Durch den Wandel der gesellschaftlichen Verhältnisse, die durch steigende Komplexität, Inhomogenität, Instabilität und Polyvalenz (sprich Werte sind für viele Zwecke einsetzbar) gekennzeichnet sind, ist es schwierig für Educanden in diese unübersichtliche und unzugängliche erscheinende Welt hineinzukommen.

„Um überhaupt noch den Anschluss zu finden, sind immer längere Lern- und Entwicklungszeiten erforderlich. Das Dilemma der modernen Gesellschaften besteht darin, dass sie in ihrer immer weiter gehenden funktionalen Differenzierung, Segmentierung und Arbeitsteiligkeit auf humanisierende Faktoren zunehmend angewiesen sind. Damit ist dem Menschen selbst und seiner Erziehung eine autonome Quellfunktion und komplementäre Leistung zugesprochen, zu deren Förderung die Gesellschaft, in der er lebt, selber wenig beiträgt und auf die sie doch in steigendem Maße angewiesen ist." (Kümmel o. J., o. S.) Um sich als Subjekt in der Welt objektiv zu sehen, bedarf der Mensch permanente Upgrades. Die Sozialisation des Menschen entsteht durch die Gesellschaft, und die Gesellschaft braucht aber den Mensch als ihren Träger. Das Ziel der Erziehung im Allgemeinen ist Selbstständig zu werden. In diesem kausalen Verhältnis spielt die Erziehungsbedürftigkeit meiner Meinung nach eine übergeordnete Rolle. Ich würde sie auch als Querschnittsaufgabe des menschlichen Lebenszyklus betiteln.

„Rettung der Menschen durch Erziehung" (Hörner, Drink, Solvejg 2010, S. 76)

7 Literaturverzeichnis

Monographien:

Brezinka, W. (1986): Erziehung in einer wertunsicheren Gesellschaft. o. V. : München

Becker, H. (1967): Anthropologie und Pädagogik. Klinkhardts pädagogische Quellentexte. Verlag Julius Klinkhardt: Bad Heilbrunn

Flitner A. (1963): Kulturanthropologie. In: Wege zur pädagogischen Anthropologie. Versuch einer Zusammenarbeit der Wissenschaften vom Menschen. Verlag Quelle & Meyer: Heidelberg

Geissler, E. (1970): Herbarts Lehre vom erziehenden Unterricht. Heidelberg

Kümmel, F. (o.J.): Kindheit und Gesellschaft, Vardan Verlag: Hechingen

Langeveld, M. J. (1967): Einführung in die theoretische Pädagogik. Ernst Klett Verlag, 5. Auflage: Stuttgart

Nohl, H. (1970): Die pädagogische Bewegung in Deutschland und ihre Theorie. 7. Auflage. Schulte & Bulmke: Frankfurt a.M.

Portmann, A. (1984): Wolfskinder. Heyne Verlag: Worms.

Watson, J. B. (1968): Behaviorismus, Hrsg. von C. F. Graumann, o. V.: Köln, Berlin

Weber, E. (1981): Pädagogik 1 Grundfragen und Grundbegriffe - Eine Einführung, Auer Verlag: o.O.

Sammelbände:

Gopnik, Kuhl, Meltzoff (2003): Forschergeist in Windeln- Wie Ihr Kind die Welt begreift. Piper Verlag: München

Hörner, Drink, Solvejg. (2010): Erziehung, Bildung, Sozialisation. Verlag UTB: Stuttgart

Flitner; Hurrelmann; Sacher. (1996): Erziehung. o.V. Leipzig

Zeitschriften:

Unsere Jugend 1999 s. 527 – 533 Ernst Reinhardt Verlages München/Basel

URL:

Büttner, G. (o.J.): Anlage und Umwelt – ihre Bedeutung für die kindliche Entwicklung zitiert nach www.online-familienhandbuch.de http://www.weiterbildung-kindererziehung.de/kindererziehung/anlage-umwelt.phpEntwicklung

Kant, I. (2000): Über Pädagogik. In: Schriften zur Anthropologie, Geschichtsphilosophie, Politik und Pädagogik von Wilhelm Weischedel, Bd. 1. Frankfurt am Main unter http://www.klauskraimer.de/kant.pdf